밝은 것은 어둠을 볼 수 없지만
맑은 것은 어둠 또한 그대로 보여줄 수 있다

## 맑음에 대하여
About 'clear'

어느날 우리는 분명히 빛나고 있었다. 빛을 사랑하면 저편에 그림자가 진다. 그림자가 길게 늘어지는 날들에 나의 빛은 자꾸 희미한 척을 했다. 그때마다 타인으로 보였던 사람들과 자연의 반짝임이 내게 와 다시 사랑을 알려주었다. 사랑은 매순간 처음 보는 얼굴로 와서 내게 아주 작은 것부터 다시 가르치기 시작한다. 그때 비로소 나는 빛과 어둠이 뿌리내린 곳이 한 곳임을 알고, 그것의 경계 없음을 바라본다.

 어쩌면 쓰는 일은 빛과 그림자, 내가 끌어안은 나와 끌어안지 못한 나의 사이를 진동하며, 결국 모든 것을 안아내는 쪽으로 나아가는 내 안의 가장 호기로운 시도인지도 모르겠다. 그곳에는 나만의 색깔로 마음의 오솔길이 놓인다. 모든 걸음이 새롭다. 그곳에 당신이 포함되어 있음이 감사하다.

목 차

시와 **에세이**

## Prologue 맑음에 대하여

| | |
|---|---:|
| 우리 사이 품 | 12 |
| 영감 | 13 |
| 침범 | 14 |
| 파괴당하지 않을 권리 | 15 |
| 색 | 16 |
| 제자리에 서는 힘 | 17 |
| Nothing is all to me | 18 |
| 이상 | 19 |
| 서툴다 | 20 |
| 유리알 | 21 |
| 인연 | 22 |
| **세상-조화** | 23 |
| 시간의 엇갈림 | 24 |
| 미세한 흔들림 | 25 |
| 두 사람 | 26 |
| Tea bag | 27 |
| 불씨 | 28 |
| 섣부른 위로 | 29 |
| 관계에서 | 30 |
| 미래와 응원과 창 | 31 |
| 개성 | 32 |
| **우리의 길** | 34 |
| 배 | 35 |

| | |
|---|---|
| 평행선 | 36 |
| 평온의 바다 | 37 |
| **방어와 용기** | 38 |
| 사라진다는 것 | 39 |
| 구원? | 40 |
| 익숙하다는 것 | 41 |
| 혼자만 아는 동안 | 42 |
| 냉소 아래 있는 정확한 것, 부드러움 | 43 |
| 지구로 내려와 | 44 |
| 우리라는 바다 | 45 |
| 얕은 철학 | 46 |
| 마음과 현상 | 47 |
| 공원-허락 | 48 |
| 공생 | 49 |
| 평온을 알아차리려는 마음 | 50 |
| 파도는 튄다 | 51 |
| 바다모래의 말 | 52 |
| 의사 | 53 |
| **고민하는 사람** | 54 |
| 울음 | 56 |
| 너무나 가깝기 때문에 | 57 |
| **긴 꿈과 큰 꿈** | 58 |
| 아이 | 60 |
| 해칠 때 | 61 |
| 슬픔은 달려든다 | 62 |
| 너의 질서 | 63 |

| | |
|---|---|
| 이미지로 | 64 |
| 자존감 | 65 |
| **시간의 흐름을 함께 타는 것** | 66 |
| 안개 | 67 |
| 즉흥연주 | 68 |
| 아버지 | 69 |
| 노을-복숭아 | 70 |
| 할머니 | 71 |
| **중력** | 72 |
| 공갈 | 73 |
| 위로 | 74 |
| 전쟁 | 75 |
| **믿음체계** | 76 |
| 입의 속도 | 78 |
| 부정의 긍정 | 79 |
| 12.18 | 80 |
| 심술 | 82 |
| 사랑의 지도 | 83 |
| 터널이 다르다는 걸 알았을 때 | 84 |
| 나의 숲 | 85 |
| 공간에 들어설 때 | 86 |
| 정의 | 87 |
| 추상적인 것들에 대하여 | 88 |
| 나의 아름다움 | 90 |
| 손잡고 가네 | 92 |

# Prologue 맑음에 대하여

 나는 맑은 글들을 찾아 헤맸다. 무턱대고 밝은 글 말고 맑은 글을 원했다. 내가 경험한 세상은 퍽 아름다웠으나, 전해 듣는 세상은 어둡고 아파서 내가 이토록 원하는 맑음이란 게 허망한 날도 있었다. 맑다는 것은 아픔도 봐야 한다는 것을 알아 간다. 슬픔과 아픔을 포옹하며 세상의 아름다움이 내게 말을 거는 방식을 배운다. 만약 누군가에게 아름다움이 놓일 자리가 부족하다면, 우리는 기꺼이 마음을 모아 그 자리를 만들 것이다. 우리의 내면이 사랑을 기억하고 스스로를 회복할 때까지 우리는 서로를 돕게 될 것이다.

 삶에서 밝기가 명암의 영역이라면, 맑음은 투명성의 영역이라고 생각했다. 맑은 눈으로 슬픔을 바로 보고, 잠시 내려앉은 어둠 앞에서도 본연의 생기를 피워내는 삶을 살고 싶었다. 바라보아야 통과할 수 있다. 이해관계로 탁해질 때 우리는 세상이 아픈 것을 마치 꾀병인 것처럼 무마해버린다. 아픈 사람은 이상한 사람이 된다. 그러나 세상에 틀린 마음과 잘못된 존재는 없다는 믿음이 우리를 구할 것이다. 모든 존재가 용기 있게 삶을 펼쳐내는 데에 글 한조각이 할 수 있는 일이 있기를 소망한다. 통과한 생의 길은 가장 빛나는 것으로 스스로 모양을 바꾼다.

 글을 쓰고 나면 마음이 진화하여 속이 행복스럽다. 현실의 나는 서툴고 부족하고, 다정함을 전하는 일이 부끄러워 표현에 망설이기도 하는 사람이지만 글은 사랑의 공간으로 무한히 들어갈 수 있어서 마음이 놓인다. 글만큼, 책만큼 살아내는 게 내가 앞으로 따라가야 할 길일 것이다.

이만큼 부족한 사람의 안에도 멋지고 귀한 마음이 있기에, 나와 다른 사람을 만나면 낯설어 경계하다가도 언젠가 한 번은 그리 낯설지 않은 순간이 꼭 생기는 체험들을 했다. 꼭 내 속에 있는 말을 상대가 들려주기도 하고, 상대가 속에서 웅얼거리던 말이 내 입을 통해 나오기도 했다. 무언가 안쪽에서 우리를 순환시키고 있기 때문이다. 현실의 눈이 우리를 가릴 때조차도 내 안에서 사라지지 않는 사랑의 공간이 실은 그 사람 안에도 똑같이 있음을 알려준 무수히 많은 타인들과 또 만나고 싶다.

## 우리 사이 품


당신과-나의-사이
품 속에서
나는 처음 태어나요
당혹감을 감추지 못하고
낯선 내가 울어요

놀라서 얼굴을 숨기려 할 때
그대가 나를 끌어안으면
부드러움 속에서 난 고개를 내밀고
처음 발견한 표정으로도 웃을 줄 아는 나를 보아요

그대는 신이 아니라
나는 낯선 당신을
안아본 적이 있어요
내가 작아지고 당신이 점점 작아져
우리 사이 품을 넓히면
나와 당신은 이 얼굴을 이미 알았다는 듯
아름답게 자라요

## 영감

아무 것도 내 머리에서 나온 건 아니다
축적되어 있었더라면 씀의 행위 이후에는
더욱이 짙게 남아야 하는데
나는 자꾸 나의 노래를 잊는다

가깝거나 먼 미래에서
혹은 내 모든 과거 속에서
지금 이 순간에 휩싸인 나에게
돌멩이 하나 집어 던지듯 튕겨준 말이다

네가 지금 거기에 있느냐고
감각을 했다면 거기에 살아있는 거라고
너는 지금 살아서 그 곳에 있다고

나는 여기서,
그러니까 당신이 읽는 순간보다 과거에서
지금 거기 서있는 당신을 향하여
돌멩이를 하나 집어 들었다
거기 살아있느냐고

## 침범

누군가의 마음가짐이 다른 이에게
타고 들어간다는 것은
생각보다 거대한 일이다

표정으로 문장으로 한숨으로
흘러내리는 것들은
길어질수록 많은 것들을 침범한다

아픈 시간에서조차
아름다움을 놓지 않으려는 이유는
나의 침범이
아름답기를 원하기 때문이다

## 파괴당하지 않을 권리

너는 나를 파괴하면 안 된다
그 무엇도 나를 파괴하면 안 된다
할 수 있어도 하면 안 된다

나 또한 너를 그러하지 않아야 한다

우리는 작은 것의 가치를 봐야 한다
사실은 너무 반짝이고 거대한 힘이라
아무나 찾지 못하도록
자신의 삶에 노력하는 이만 찾도록
더 작게 아무것도 아닌 것처럼
숨어들어 있는 것이다

# 색

사람들의 진지한 순간을 보는 걸 좋아한다
세상에 희석되지 않은 색은
누구의 것이든 매력 있다

아주 진지해져 버리는 순간에
아이 같아지는 사람들을 좋아한다
아이를 끄집어내는 사람들을 좋아한다

서툴러서 울고 붉어져서 상처 난
울음과 웃음이 뒤섞인 그 곳에서
우리의 매력이 포옹한다

## 제자리에 서는 힘

이것이 나라면
벗어나지 않을 거야
우리가 가야할 곳은 없는데
우리는 등 떠밀려 가다가
돌부리에 넘어지고
나는 코를 바닥에 박고 생각해
이것이―
내가 모르는 모양의 사랑이라고
알아보지 못해서 미안하다고
아름다움이 말을 거는 방식을
배우는 동안
우리는 삶이라는 의식의 공간을
활용해 나가겠지
그러니 이것이 나라고
벗어나지는 않을 거야

# Nothing is all to me

아무것도 내게 전부는 아니다
그러나
나의 전부 같은 일부의 것들아
무엇에도 열정이 없는 것이 아니다

내게 닿아온 많은 일과 사람을
이리 저리 사랑하고 경험하며
매몰되지 않음이고, 고여 있지 않음이다

무언가에 매몰되지 않기 위한 노력은
부족함의 영역이 아니고
풍요로움의 영역이다

# 이상

우리의 이상 중 몇 가지는 현실이 된다
써놓은 글은 활자에 그치는 것이 아니다

나의 의지로 숨을 불어넣을 때
비로소 춤을 춘다

나를 휘감고 돌아
내게 분위기를 풍겨주고
함께 걸어갈 사람의 온기를 끌어다 준다

우리가 종잇장 사이에서 이끌린다면
나의 한 가지 이상은 현실이 된 셈이다

# 서툴다

내가 아직 서투른 사람일 때
내게 부는 바람도 서툴다
이 바람은 서툴러서
틈을 남겨두고 불어온다

하지만 서투른 사람은
정말로 서투르기 때문에
바람도 서툴다는 사실을 알 수 없다

지나보면 끄덕이게 될 뿐이고
지금의 나에게는 또 다시
이 만큼의 바람이 분다

이것도 여전히 서툰 바람이다
나는 아직 배우는 사람이기에

## 유리알

내가 가진 유리알을 찾아 모아 둔다
그러나 나는 수집가가 아니다
언젠가 필시 깨져버릴 것을 안다
유리알은 깨질 것이다

그렇기에 나는 끌어당김의 힘을 만드는 과정에 있다
깨져버린 파편들로 누군가가 아프지 않게
누군가의 삶에 뾰족이 박히지 않게
부서진 나를 모으기 위한 끌어당김의 힘 말이다

꽤 오랫동안 유리알을 찾아 나를 돌아다녔지만
애초에 찾을 것은 없었다
나는 유리알을 찾는 사람이 아니고
만들고 있는 사람이다

## 인연

우리는 그저 종잇장에 스치는 인연이지만
이것은 얼마나 대단한가요
종이에 깃든 나무의 숨까지도
글자 속에 스밀 테니까요

우리가 사랑하는 햇살이 쏟아진 나무
가끔은 하늘의 슬픔을 머금은 나뭇잎
나무로부터의 종이에
작은 마음들을 얹는다면
작다고 해서 결코 얕지는 않음을
함께 숨 쉴 수 있겠지요

## 세상-조화

 세상이라는 것은 어쩌면 내가 생각지도 못할 만큼 큰 것이다. 세상은 단지 내가 '본' 모습과는 다르다. 내가 보는 것이 전부이고, 이것만이 옳은 것은 아니다. 세상에 퍼진 무수한 욕망과 도덕과 부도덕, 선과 악, 사실은 그 경계조차 비웃어버리는 것들, 그것들이 모두 합쳐져 세상이다. 우리들은 각자의 자리에 머무를 뿐이다. 나는 나의 자리에 머무르고 당신은 당신의 자리에 머물러 있을 뿐이다. 그리고 나는 여전히 그 언저리에서 자신의 인생을 위해 공을 들이고 예의를 지키고자 하는 사람들을 응원한다.

 자신이 어디에 머무르고 있는지 인식하고 생각할 때, 세상에 대해 생각해볼 용기를 얻는다. 내가 단지 여기에만 머무르고 있음을 알 때, 움직임의 힘이 생긴다. 나와 정말 다르고 불편하고, 혹은 틀린 것이 아닐까 여겨졌던 세상을 엿보는 것이 가능해진다. 다른 세상 그리고 다른 경험으로 이루어진 사람을 들여다보는 것은 신기한 일임과 동시에 일정 부분 자기파괴를 동반하는 일이다. 조화롭다는 것은 단순히 섞이는 것과는 다르다. 조화는 서로 다른 각자가 보는 세상, 세계관을 모두가 조금씩 움직였을 때만 가능하다. 고정된 채로 조화를 이룰 수는 없다.

## 시간의 엇갈림

우리의 시간은 같을 필요가 없을 뿐더러
같은 일은 드물다
동시에 기쁜 것과 함께 슬픈 것은
두터운 사이를 만드는 행운이다

어느 날은 내가 추락하는 시간과
당신이 날아오르는 시간이 같다

시간의 엇갈림은 감정의 격차를 보호한다
너무나 많이 무너져버리지 않게
날아오르다 손을 잡고 눈을 맞추는 행위는
추락의 시간을 지탱한다

그렇게 우리의 엇갈림을 이용한다

## 미세한 흔들림

흔들리지 않는 것들이 사실은
미세하게 영원히 흔들리고 있었음을
알게 되었을 때 아득하다

생각의 공간에 찬물이 쏟아졌는데
오히려 너무 아무렇지 않은 온도로
고요해지듯이

누군가 나를 빤히 바라보았다
흔들리지 않는 듯한 나도 사실은
미세하게 영원히 흔들리고 있었기에

## 두 사람

슬픔이 마음에 고이면
우리는 빛을 찾을 수 없다고 말하지만
나는 슬픔이 빛이 되는 눈을 보았네

그 눈이 내게 눈을 맞추고
길어 올리는 너그러운 말을 들었네
듣는 귀가 편안해지던 그때에
마음에 새 빛이 한소끔 내렸네

# Tea bag

미적지근하지만
별 탈 없는 하루들을 지나다가
문득 뜨거운 마음 한 번 쯤 있다

티백을 우려내며
'나도 뜨거운 순간에
내 맛이 한껏 우러나오는 거지.'

뜨거운 물에만 잠겨있으면
나는 금세 쓴 맛이 되니까
꽤 자주 옆 사람에게 한 모금 권해야지
가끔은 시원한 사람도 만나 섞어 들어야지

## 불씨

작은 불씨는 아주 쉽게 꺼질 수 있다
작은 불씨는 산불처럼 퍼져나갈 수도 있다
모두 바람의 일이다

모두 바람의 일이라
바람을 사랑한 적도 있고
바람을 앓은 적도 있다

어느 바람이 불든
내가 하나의 불씨라는 것은 변함 없다
혹여 꺼져버린다 해도
내게 다시 불을 옮겨 붙여주는 사람들을
곁에 두어야 한다

누군가 뜨거움을 간직할 수 있도록
온기로 감싸는 사람이고 싶다

# 섣부른 위로

누군가를 위로하겠다는 마음으로
포장을 하다 모두 구겨버렸어요

삐죽하여 모난 마음 티가 안 나도록
두꺼운 종이박스를 펼쳐 들고
당신을 모두 둘러쌌는데

모난 마음은 온데 간데 없고
박스 안이 비었습니다
아무 것도 삐죽이며 나오지 않았고
당신의 마음은 안으로 움푹 팼습니다

나는 부끄러워
무엇을 감싸려 했는지 부끄러워
나의 빈 곳을 먼저 어루만집니다

## 관계에서

파도가 요동을 쳐 하얗게 부서질지언정
바다는 사라지지 않는다
나는 부서지는 하얀 포말이 될 수도 있고
끊임없이 치는 파도를 포함한 바다가 될 수도 있다
그러니까 나는 사라질 수도 있고
여전히 품을 수도 있다
우선은 바다가 되고 싶다
내 스스로가 바다를 자처할 수 없이
버거움을 느끼면 내 모든 힘을 모아
파도가 되어 온 몸으로 부서질 것이다
그렇게 다시 하나의 입자로 물 속으로 가는 거다

## 미래와 응원과 창

나는 당신의 현재 속에 존재하지만
당신의 미래를 응원하는 일을 멈추지 않겠습니다

내가 먼저 미래에 닿아
당신을 재촉하는 일은 없습니다
지금 여기서 당신과 함께 내다보는 일을 합니다

그러니까 내가 그토록 좋아하는 창을 내는 거에요
지금 여기에서, 우리의 가슴팍보다 조금 위에
내다볼 만한 근사한 창을 만드는 거에요

나는 당신의 현재 속에 존재하지만
당신의 미래를 응원하는 일을 멈추지 않겠습니다

## 개성

셀 수 없이 많은
빗방울이 모이고
모여서 웅덩이가 되고
모두 다른 모양새로 물이 괸다

보이지 않아도 존재함을
알려주는 강한 바람이 불고
우리의 머리칼이 각자의 멋대로 헝클어진다

꽃잎이 떨어지고 어디로
쓸려가는지 옮겨가는지
각자의 향기가 난다

너무나 많은 것들이
나를 위해 혼합되었다

언제나 1이 되는 혼합
나는 모든 것을 다 받아들이고
그저 내가 되었다
나는 여전히 받아들이고 있으므로

또 나는 잠시 후에 내가 될 것이다

나의 웅덩이는 이런 모양으로 고였으며
머리칼이 눈썹쯤에 휘날려 붙었고
꽃잎은 가벼이 굴러와 은은하다

우스꽝스러운가
유쾌한가
수많은 당신, 그러니까 나는

## 우리의 길

 우리는 길을 걷는다. 여러 갈래의 길이 있었다. 혼자 걷는 사람도 있었고 함께 걷는 사람도 있었다. 나는 줄곧 혼자 걷고 있었는데, 우리는 서로를 기웃거렸다. 각자 가던 길을 넓혀 하나의 길을 만들었다. 그렇게 너와 나는 어느새 같은 갈래의 길에서 함께 걷는 중이었다. 넓은 우리의 길은 하나의 길인데도 균일하지 않았다. 포장된 곳과 포장되지 않은 곳, 모래와 자갈이 섞여있었으며 여기저기 질감이 다른 길이었다. 나는 익숙한 길을 걷고 싶어서 넓어진 우리의 길 중에서도 내가 걷던 길만을 걸으려 했다. 이미 섞여버린 땅에서 내가 밟던 곳만을 밟으려니 한참을 휘청거렸다. 넓은 척 시작했지만 금세 좁아진 사람으로 있었다.

 그럼에도 우리는 동행을 하고 있었다. 그 와중에 내가 알게 된 것은 동행 중에는 손 정도만 잡아야 한다는 것이었다. 동행은 동일과는 다른 말이다. 동일하지 않은 것들의 동행은 약속이고 그 약속의 이행을 위한 대화와 노력이 필수적이다. 부둥켜 안고 하나가 되어서는 제대로 걸을 수 없었으니까. 운동회에서 두발을 하나로 묶어 달리기를 하면 삐걱거리듯이.

 이제 넓혀 놓은 우리의 길을 여기저기 배회할 예정이다. 내가 나의 길에서 가져온 모래알들을 손에 쥐고 구석구석 가볼 것이다. 손을 잡고 같은 길을 걸어가면서 다른 갈래의 길을 걷는 다양한 사람들을 보았다. 우리는 그들과 함께 손을 흔들었고 때로 말을 주고 받았다.

# 배

사는 동안 배를 타고 다닌다
배를 타고 햇살을 받고 누우니 좋다
그러나 배는 물살에 흔들린다
끊임없이 흘러가고 와중에 흔들린다
어느 날은 뒤집힌다
물에 갇힌다
숨을 쉬기가 답답하다
지나가던 뱃사람이 나를 도와준다
나의 배는 물에 젖어 침잠하는데
마르기까지 한참이다
해가 나는 날이 많아 말라간다
다시 배를 타고 햇살을 받고 누우니 좋다
뒤집힐 것을 대비하여 두고
좀 더 안정적으로 누우니 좋다
도와주던 뱃사람이 이제 떠난다

## 평행선

올곧은 선이 되어
평행으로 나아간다면
만난 적이 없을 거다

나는 부족하고 당신도 부족하여
무엇인가 휘고 꺾이는 부분이 생겨
우리는 만난 적이 있다

우리는 모두
완벽할 수 없어서 만날 수 있는
그런 모순의 관계이다
완벽하지 않아서 만날 수밖에 없는

그러나 또 다시 어려운 이유는
자신의 모난 부분을 노력하지 않는 선은
그대로 엇갈려 버림에 있다
각자의 방향으로 영영 멀어지는 것에 있다

# 평온의 바다

우리가 여전히 평온의 바다일 수 있음은
태풍이 예고되지 않았기 때문이고
무엇이 올지 전혀 모르기 때문이다
내가 불확실한 미래를 위태로이 사랑하거나
당신의 울퉁불퉁한 과거를 사랑하는 것이 아니라
내가 당신과의 지금에 살고 있기 때문이다

# 방어와 용기

 상처는 방어를 만들고, 방어는 단단하지만 용기와는 전혀 다르다. 방어는 단단하고 폐쇄적이지만 용기는 단단하고도 열려 있다. 누군가에게 반복해서 상처를 주고 용기 내달라고 하는 것은 일종의 폭력이라고 나는 생각한다. 문을 닫아 놓고 왜 문이 닫혀 있느냐고 묻는 격이다.
 딱 그 만큼만 아픈 것도, 혹은 부풀려서 더 오래 아픈 것도 상처받은 사람의 몫이라는 잔혹한 사실을 우리는 올바르게 다뤄야 한다. 딱 그만큼만 아프고 떨쳐내는 것이 현명하다는 것은 누구나 알고 있다. 하지만 심리적 기반이 얇아진 채로 현명하게 행동하기란 모두에게 어려운 일이라는 것 또한 알아야 한다. 그래야 누군가의 상처 앞에서 그의 현명함이나 노력만을 탓하는 우를 범하지 않을 수 있다.
 만약 누군가 상처를 감당해내고 있다면 그의 시간에는 분명히 상처를 준 사람의 몫도 포함되어 있을 것이다. 잘잘못의 이분법은 없겠지만 전부 자신의 몫으로 끌고 들어와 힘들어 하는 마음에는 냉정히 선을 그어주고 싶다. 내가 그을 수 있는 가장 다정한 선이다. 상처를 무시하지 않은 채로, 자기 비난의 늪에서 빠져나와 다시 바라볼 수 있는 눈이 우리에게 있기를. 그리하여 누군가 닫힌 문을 열도록 하고 방어를 용기로 승화시키도록 돕는 것은 지속적인 사랑이다. 본질을 변화시키는 것은 언제나, 여전히, 사랑으로 이끌어낸 대화이고 울음이고 웃음이다.

# 사라진다는 것

무언가 곁에서 사라질 때 종종
사라진다는 언어를 없앤다
언어는 강력히 아픈 사람을 지배한다
이제 사라진다는 개념은 없다

내가 커지는 일이다
그 자리에 내가 늘어난다
그만큼 나는 부풀어올랐기에
내 안의 밀도는 낮아지고 공허해진다
어떠한 이유로 내가 커져버렸고
채울 기회가 주어졌다

밀도가 낮은 마음으로는
작은 바람에도 텅텅 굴러다닐 테니
그렇게 채우고 채우다
채우는 사람과의 연대는 이루어지고
빛을 잃은 것 같은 순간 또한
그대로 순간일 뿐
시간은 여전하고 빛도 여전하다

## 구원?

무너지는 사람을 보면
달려가고 싶어진다
위태로운 사람을 보면
말을 건네고 싶어진다

그렇지만
사랑은 구원이 아니다
스스로를 구원하기 위해 힘쓰는
사람의 곁을 단단히 지킴이다

올려다 줄 수는 없지만
침몰이 더 깊어지지 않게
그 자리에 머무는 힘을 같이 견딤이다

내가 '나'를 애쓰지 않으면
사랑이 지켜주는 일은 없다

## 익숙하다는 것

벼랑 끝에 매달려 있다
내 눈에 보이지 않는
바닥이 있을 거라는 믿음으로
열을 다해 투덜거리고
힘을 다해 흔들었다
바닥이 있으니까

손에 힘이 풀리자마자
옭아맬 것 없는 몸이 되어
허공을 느끼자마자
바닥이 없다는 것을 안다

## 혼자만 아는 동안

나의 혼란을 혼자만 보는 동안
나의 인식을 혼자만 알아차리는 동안
들고 있던 색을 놓친 채
주워담지 못하고
자기 정체의 난삽함에 넌더리가 나는 동안

그동안 나는
살뜰히 살 것들을 찾고 있었지
살아갈 수 있게 하는 것들을
유물처럼 찾아다녔지
실은 발굴되기를 바랐는지도 몰라

나로부터 황급히 도망치느라
꽉 쥔 손에 나를 쥐고 달아난 사람처럼
엉뚱한 곳에 도착하여 손을 풀어내니
긴장한 내가 보였지
진정 살뜰히 사는 법을 모두 잊었지

그사이 나는 또 잊고 있었지
뒷걸음질을 배우는 아이의
뒤축이 탄탄해지는 성숙과
남의 뒤축을 살펴보는 눈의 성장을
풍요를 잊은 풍요는 바란 적이 없음을

## 냉소 아래 있는 정확한 것, 부드러움


부드런 너울이 모래 빛을 감싸 안는다
너는 그것들이 어리석다고 생각했어
돌아섰지 돌아서서 오래 걷다
굳은 걸음이 섬뜩할 때면,
먼 마음까지 따라와 스며든 너울
등진 마음 켜켜이 소생하는 감촉

파장이 긴 풍랑만이 너울이 된다
짧은 마음의 네가 돌아설 때마다
굳은 걸음 아래까지 길게 힘을 쓴다
너의 강인함에는 초라함이 없어도 돼

## 지구로 내려와


나는 줄곧 우주를 생각하다
지구로 내려와 너를 만났다

'우리'의 이끌림이라는 중력을
처음 만나 잠시 휘청거렸다

나의 우주가 무한의 것이
아니라는 사실을 알았다
어쩌면 나 혼자 너무 사랑하여
혹은 추호도 사랑하지 못하여
일그러져 있던 나의 세상

지구에서 만난 너는 내게
너의 우주를 보여줬다

우리는 각자 더 높고 더 넓은 곳으로부터 내려와
밥을 먹고 눈썹을 구경하고 입술을 포갠다
더 넓고 높은 그곳을 두고도 그렇다
우주에는 아침이 오지 않는 까닭에

## 우리라는 바다

바다 한 가운데에 햇빛을 받고 누웠다
대낮,
나의 침몰을 막고 너는 나를 띄웠다
나는 어찌나 편하고 나른한지 물살에 반쯤 잠겨
찰랑거리다 어렴풋이 잠이 든다

잠결에,
당신이 나의 바다이기 전에
쓸어온 바위와 조약돌들을 본 듯하다
견디기 힘든 풍랑도 본 듯하다

각자의 강이 꽤 변덕스레 흘러
'우리'라는 바다가 된 것을 안다
바다이기 전에 당신이 쓸어 내려온
모난 돌덩어리며 거친 모래 자갈이며
그러한 것들을 시기하지 않겠다

## 얕은 철학


얕은 철학 책을 들여다보는 동안
당신에게서 무게 추가 늘어져 내렸나
잦은 바람에 휩쓸리는 동안 당신이
자리를 지키며 서 있는 걸 나는 목격했지

그곳에 유연하게 자리를 지킬 수 있는
당신만의 기쁨이 한 조각 있었나
내가 알아채지 못해도
당신은 자신의 것을 내다 버리지 않았지

명확한 답이 아니어도 고민하고 어려워하다
한 꼬투리 밝아지는 곳에서 무게 추가 늘어져 내렸나
무거워 무거워지다 가벼워졌던
나는 잘 모르던 당신의 기쁨에
초대 받은 적이 없다고 나는 말할 수 있나
기어코 거짓을 말할 수는 없지
나는 그곳에 초대받았다

## 마음과 현상

마음을 보지 않고 현상만 보는 이에게 박수 치지 않는다
현상과 마음을 이어내는 사람을 존경한다
마음에 파묻힌 사람에게 박수 치지 않는다
마음에 거리를 둘 줄 아는 사람을 존경한다
배우고 교감하며 이야기하는 것은
나와 당신의 존경으로 가는 길

## 공원-허락

아이는 웃었고
연인은 끌어안았고
하얀 옷을 빼 입은 악사는
노래를 연주했고
아무도 모르는 노래를
나는 흥얼거릴 수 있었다
무슨 노래냐고 묻는다면
나도 모른다고 답한다

여기는 어디인지
지금은 삶의 어느 마디쯤인지
잊고 싶은 순간이 온다

내가 좋아하는 기분은
지금 내가 여기 둘러싸여 있어도
되는 사람이라는 것에서 온다

## 공생

나는 어려운 것들을 좋아하기로 했습니다
가령, 싫은 것을 좋아지게 만드는 것은 고통이지만
좋은데도 어려운 것은 결코 싫은 것이 아니지요

나는 당신에게 그리고 나에게
노력을 멈추지 않을 겁니다
내가 좋아하는 당신과 공생하기 위함이죠

어느 날은 밤새고 대화를 하고
우리가 어제보다 높은 곳에서
손잡고 있음을 느꼈어요, 당신도 그렇지요
아름다움이 너무 쉽다면 희열도 흐릿하겠죠

## 평온을 알아차리려는 마음

갈등과 사사로운 감정 없이 꾸려지는 삶은 없지만
그럼에도 쉬지 않고 평온을 알아차리려는 마음

혼잡한 밤에 엉켜버린 실을 쳐다보는 일
풀어 해결하려는 걸음
평온으로 가려는 부단한 마음

그러나 평온은 목적지가 아니야
평온은 하나의 넓은 꼭지점이다
조금 넓게 머무르는 하나의 점이고 순간이다

평온하다
그리고 사라진다 평온

사라지기 전에 풍요와 충만함을 주니까
이내 사라질 것을 알고도 잠시 평온을 맞는다
내게 남길 여운 먼 내일까지 짙으므로

# 파도는 튄다

파도는 온 물살을 끌어 모아 함께 오지만
커다란 바위에 부딪혀 토해내는 순간
모두 다른 방향으로 튄다

자주 재잘거리는 당신의 철학은
여전히 당신의 삶을 끌고 오지만
나의 어느 구석에 와 부딪혀서는
못난 모습으로 튀어나가기도 한다
예쁜 모습으로 튀어나가기도 한다

하나의 파도를 부정할 수는 없으나
모두 다른 방향으로 튄다

우리들의 깨진 잔해는 다시 끌어 모아져
새로운 파도를 만들고
우리의 파도는 다시
우리에게 부딪힐 것이다

## 바다모래의 말

나는 해변을 둘러 살았습니다
파도가 닿지 않는 곳에 자리를 두고
꽤 단단하게 사람들 발바닥을 디뎌주면서

요 근래에는 바람이 많이 불었어요
자꾸 힘들었어요 자리를 지키기가
자꾸 나는 물로 밀려갔습니다 젖을 듯이

자꾸 미는 바람으로 머리채 같은 파도에
휩쓸려 눈을 제대로 보기가 힘들었습니다
밀려가려는 마음 없이도 밀려가는 이가 됐어요

## 의사

너무 많이 짓눌렸고
마음들은 이토록 헤졌다
고귀한 것들과 헤어져 헤진 마음

내가 아는 어느 의사는
청진기를 들이대기 무섭다고 말했다
세상의 아우성을 마주하기 두려워
나이 들어가는 청력으로
그만 그만 듣고 말지, 괴로워했다

그러는 동안에 신음하는 작은 것들이 자꾸만
청진기를 끌어다 자기네 가슴 언저리에 얹었다
아픔은 증폭되어 시끄러워 가는데
듣는 귀 없이는
얌체 같은 세상이 평화로운 채 한다

## 고민하는 사람

무언가를 만드는 사람은 그것을 충실히 고민하는 사람이다. 사랑을 하는 사람조차 끊임없이 사랑을 고민하는 상황에 놓인다. 내가 아는 한, 고민하는 사람들은 모두 일상 밖에 홀로 서야 하는 시간이 있다. 일상을 사는 것과 일상을 기반으로 무언가를 만들어내는 것, 그 사이에 외로운 지점에 머문다. 묻혀 있던 일상으로부터 빠져나오는 분리의 과정에서 불안과 고뇌를 경험한다.

나는 마음의 비열이 큰 사람이라 분리의 감정들을 오래 느꼈다. 처음에는 이것이 나의 평온을 갉아먹는다고 생각했다. 일상적인 평온과 기쁨을 깨뜨린다고 생각했고 인정하지 않으려 애썼다. 감정이 세분화되었고 너무 오래 갔다. 스스로의 감정에 꼬여 치사해 지거나 사소해지기도 했다. 그러나 내 마음이 어떻게 생겨나는지 보는 사람들은 자신을 향한 큰 눈을 얻게 된다고 나는 믿는다. 여러 빛깔의 마음을 받아들이고, 유해한 마음이란 없음을 배우기 시작한다.

많은 감정을 느끼는 것은 그만큼 많은 이들의 구체적인 경험을 함부로 재단하지 않을 수 있는 자산이 되기도 한다. 남의 경험을 손쉽게 판단하고 돌아서면 그만인 곳에서 판단을 유보할 줄 아는 것이다. 나에게 섬세함의 그물이 있듯, 타인에게도 그만큼의 자리가 있음을 알기 때문이다.

하지만 이러한 섬세함은 타인을 위해 자신의 감정을 함부로 소모하는 일과는 다르다. 감정도 자산이다. 내 자산인 척 하고 위장해 들어오는 소모성 사고방식이 있음을 봐야 한다. 허상의 그물에 갇히지 않기 위해 단호함을 기른다. 즉 같이 무너지고 침잠하자는 방향으로 치우치지 않도록 주의를 기울인다. 더불어 살아가는 쪽을 가리키려 노력한다.

그 누구도 겨울 내내 쓸 땔감을 마구잡이로 쌓지는 않는다. 너무 큰 것들은 쪼개어 차곡차곡 쌓는다. 무너지지 않게 꺼내어 쓸 수 있도록 한다. 감정을 함부로 소거하지 않고 응시하는 법을 배워가는 당신이 땔감을 쌓고 있다고 믿는다.

## 울음

어려울 땐 소리 내어 우는 사람을 좋아하고
어렵고 나서는 웃는 사람을 좋아한다

울어 소리가 난다고
울음소리가 높다고
타박하는 앞에서
울음은 응고해 얼음이 된다
관용이 없는 곳에서 슬픔은 기어코 얼음이 되어
투명한 것들을 사랑하는 세계로
진입할 수밖에 없지 않나

타인들이 밟고 지나간 얼음이 깨진다
깨트린 얼음은 날 선 파편이 되어 튄다
그러나 녹는점을 기다리는 마음
우리 깊은 바닥에 스며 있어
그제서야 서서히 적시는 물이 된다
찰랑이는 소리가 네 안에도 있어
나는 그것을 잊은 적이 없어

## 너무나 가깝기 때문에

아주 멀리서 보는 바다는
그 움직임을 느낄 수가 없다

이 작은 물결이
큰 물살이 되어
파도로 부서지기 까지는
나의 시선이 이토록 가까워진 까닭이다

사사로운 일들로
혼란을 겪는 내 마음의 근육들을
알아차리는 것 또한
내가 이토록 삶의 한 가운데에 밀착해 있는 까닭이다

작은 물결이 파도만큼 거세게 보일 때
한 가운데에서 파도를 타는 법을 갈고 닦으면
어느새 파도는 다시 작은 물결이 되어 있다

# 긴 꿈과 큰 꿈

 엄마와 나란히 밤을 마주하고 누워 세상이 꿈을 강요하는 건 아닐까 이야기 했다. 적어도 엄마는 강요가 적은 사람이었다. 오히려 그녀는 자율성 없는 요구에 응하는 삶에 힘들어 하는 나를 다독이는 존재였다. 모든 단어에 한 가지 의미만 있는 것은 아니듯, 내 기준에서 꿈이라는 건 특정 직업이나 내로라하는 성공만을 의미하지는 않는다.
 물론 우리는 유아기적 사고에서 벗어나 구체적인 방향과 자신의 설 자리를 고민하기 시작할 것이다. 하지만 그 안에 포함돼야 하는 것이 있다고 느꼈다. 내가 결코 원하지 않았던 것은 무엇인지, 새로 생긴 욕망은 또 무엇인지, 나의 무수한 욕망에 대한 인정과 선택이다. 그리고 어떤 가치와 생각들이 일을 지속할 만한 동력이 되어주는지 탐색하는 '과정'이다. 결과만 보는 사회의 틈바구니에서 선택의 '과정'은 자기 자신만이 안다. 그러니 타인의 잣대에 눌려서 함부로 자신이 지나온 과정을 무화하거나 스스로 존엄을 포기하는 일에 익숙해지지 않는 것. 그게 나의 가장 긴 꿈일 것이다.

 긴 꿈을 심어 두고 큰 꿈에 대해서 이야기하고 싶다. 꿈은 현재를 살아가게 하는 동력이 되어야지 나 자신을 미래에 발 묶이게 하여 병들게 해서는 안 된다고 나는 믿는다. 그것에 미치지 못해 좌절하고 절망하는 일만 계속된다면 내 안에 절대적인 평가자를 군림하게 하여 횡포를 부리도록 내버려두는 것과 같다. 만약 나에게 큰 꿈이 생긴다면 그것은 나를 되려 즐겁고 성실한 인간으로 바꾸는 힘을 가질 것이다. 목표에 눌려 고착되는 시기에는 가려져 있던 사소한 기쁨을 돌봐야 한다는 것을 매번 기억해내는 습관이 든다면 좋겠다.

궁극적인 모습은 즉시 반응하지 않는다. 아무것도 지금 당장에 일어나지는 않지만, 서서히 꾸준히 다가오고 있을 것이다. 어떤 확실한 목소리 속에도 내일을 아는 사람은 없다. 다만 잘못된 방식이 지속되면 어떻게 될 것인지 예상할 수 있을 뿐이다. 큰 꿈을 꾸되 ㅁ래가 지금의 나를 누르지 않도록 하여, 아주 가까운 시간부터 창조해내는 지혜로운 사람이고 싶다.

## 아이

이 길을 지나오면서
아이를 몇 보았고
별을 품은 사람들을 몇 보았다

아이는 웃느라 바쁘다가
우느라 바빠서
참 솔직하구나 했다

웃을 때는 울었던 이유를 잊고
울 때는 웃었던 이유를 잊고
그리고는 금세 곤히 잠들었다

잠든 아이의 꿈에서
별을 품은 사람들이 흘러나왔다
아이를 지나온 사람들은
아이의 형상은 아니었으나
강하게 이어져 있었다

## 해칠 때

자기 정화의 힘을 가지지 못한 몸은 없다
몸은 스스로의 선(善)을 찾는다
자신을 양지 앞으로 데려갈 구상을 한다

양지의 기준이 다른 걸
모르는 타인은 나를 정화시키려 한다
나쁘다고 추정되는 것들을 막아서며

자신에게 좋은 것이
상대에게도 똑같이 좋을 거라는
자신에게 나쁜 것이
상대에게도 똑같이 나쁠 거라는
정답으로 위장한 착각으로

여럿의 세계가 조용히 맴도는 동안
단순한 정답은 확실한 목소리로
양지를 보장한다 그러나
나에게 그곳은 풍요로운 양지처럼 보이지 않아

## 슬픔은 달려든다

눈물에는 냄새가 있다
슬픔이 득달같이 달려들어
들러 붙는다

하나의 슬픔은 두 개의
슬픔을 이끌어와
눅눅한 마음은 낯선 문양을 피우고
본 적 없는 문양은 버거워
바쁜 마음은 하루를 마무리하지 못한 채

쏟아져버린 아침을 맞느라
그 시간을 모두 쫓느라
슬픔이 바쁘다

## 너의 질서

나뭇가지에 온갖 실을 엉키어 놓는 너를
누구도 이상한 눈으로 바라보지 않았다면
너에게 필요한 시간이
너를 낚아채고 있는 동안
누구도 너를 옭아매지 않았다면
너는 실이 엉키는 때의 질서를
미세한 질서를 이해하고 있었으니까

## 이미지로

자유로움의 이미지로
자유를 팔지 않기를
자유로움의 이미지에는
자유를 심기를
자율의 씨앗을 품고
불행 앞에 생긋한 얼굴로
적응해 나가는 몸
어둠이 없다면 이해를 할 수 없겠지
어둠에 묻힌다면 더욱 이해를 할 수 없겠지
간극을 비추는 눈 흐리지 않기를
간극에 오만이 얼룩지지 않기를

우리는 말을 늘어놓을 수록
난해함에 수그러들었네
그러나 우리는 결코
수그러든 채로 결말을 쓰지는 않았네

## 자존감

들여다보면 다들 아팠다
어느 날은 이것이 나의 위안이었다
멋진 사람을 보고 따라 웃는 날도 있었으나
멋진 사람을 보고 숨는 날도 있었다

문득 나는 안다
행복한 사람도 아프다
웃는 사람도 울었고 울 것이다
우는 사람도 웃었고 웃을 것이다

빛나는 말을 펼치는 사람조차도
무언가를 꺼내기 위해
씹어 삼켜야 했던 것들이 있을 것이다

자존감은 소화가 느리다

## 시간의 흐름을 함께 타는 것

 사람의 마음은 너무나 많고 여러 겹으로 이루어져 있어 때로 우리는 간사해진다. 홀로 결정 지은 선택지가 무색해지고, 유동적인 마음이 새로운 길을 알려주기도 한다. 그러한 마음들이 잠시 마주보는 동안 우리는 그걸 연애라고 부르고 사랑이라고 한다. 그 안에서 두 사람은 혼자일 때와는 다른 이유로 흔들리고 치인다. 서로를 묵직히 마주보고 있음에도 그 사이로 가벼운 바람들이 드나든다. 하지만 우리가 마주본다는 믿음으로, 그리고 마주보고 싶다는 소망으로, 나의 가장 흔들리기 쉬운 마음을 가장 단단한 것인 양 하는 것이다. 우리는 건강한 감각을 가졌기에 살랑이는 바람이 불면 살결에 닿아 놀라곤 한다. 그러나 몸이 비틀대거나 휘청거려 방향이 틀어지는 일은 없다.
 어느 순간에도 마음을 걸어 잠그지 말기를 바란다. 통풍이 안 되는 마음은 바람 불 때 견디기 힘드니까. 서로 마음의 통풍을 이해하고 돕는 것 또한 사랑의 영역이라고 생각한다. 당신에게 일었던 작은 흔들림을 응시하고 나의 두려움과 사랑을 진솔하게 고백하는 일. 완전하지 않아도 둘만의 온전함을 가질 수 있도록 하는 일. 그렇게 사이는 두터워진다.
 누군가를 만난다는 건 순간의 마음을 떠나 시간의 흐름을 함께 타는 것이다. 흐름 속에는 너무나 많은 감정들이 포함되어 있으며 아무 것도 틀린 것은 없다. 하지만 우리가 물리적인 현실에서 눈앞에 닥친 일을 해결하려 방법을 찾듯이 마음을 돌봐야 한다. 예상치 못한 사소한 일이 생겼다고 해서 이전의 행동들을 모두 멈추거나 일상을 무화하지 않을 수 있는 힘이 우리에게 내재되어 있다. 누군가와 달뜬 순간을 넘어 시간의 흐름을 이어 나가는 건 일순간의 감정뿐만이 아니라 지속적인 노력이고 행동이다. 사랑은 두 사람이 빚어내는 정성의 독특한 모양새다.

# 안개

둔탁해졌어요 나의 눈이
나뭇잎이 다 같은 초록으로 보여요
한 번도 같은 적이 없는 것들인데

다른 걸 다르게 대할 때
빛이 난다는 사실을
머리만 알고 어느 감각도 체감하지 못할 때
나무는 더 이상 말하지 않는다
흐르는 강도 반짝임을 주지 않는다

눈이 부시는 일도 사라지면
언제까지 흐린 안개 속에 있어야 한다

# 즉흥연주

맞춰본 적 없는 것들이 맞춰질 때
'잊지 마오 잊지 마오
우리 함께 한 이 시간이 소중해'
시간을 노래하지만 시간은 없어지고
공간이 가득 차도 공간은 사라진다

소리에 소리가 겹칠 때
호흡이 겹친다
서툰 음이 겹칠 때 가장 아름답다

일상 속에, 일상 같지 않은
자유가 맛을 보여줄 때
혀를 담그고 흡족해서 웃는다
입 안에 갇혀 굳어있지 않고
제대로 맛을 보는 혀는 얼마만인가

시간과 공간을 잊었던 사람들에게만
살아갈 힘의 시간은 다시 생겨나고
공간은 다시 채워진다

## 아버지

소박한 날씨에
공터를 눈에 두고
우리의 아버지를 이야기하던 날
아버지를 한 인간으로 보게 되는
우리의 나이 둘이 기특하기도
아프기도 하여 묘하다

아버지의 빈 곳을 한 사람으로서
한 사람의 빈 곳을 아버지로서

생각의 실타래를 가득
헝클어뜨리고 온 우리는
서로의 망가진 실 끝을 잡고
풀고 풀어서 가지런한 실타래를
새로 만들어 건네준다

우리의 아버지는 그 어디쯤 걸렸다
당신도 지금 가지런히 놓여있을까

## 노을-복숭아

저녁이 성큼 찾아오면
해는 산등성이 뒤로 숨기 바빠
낮에 품은 빛들을 마을 위에 풀어 헤친다

지붕 위에 맞닿은 짙은 빛깔은
복숭아 끄트머리 촉에 스며든다
노을이 맛깔스러워 탐스럽다

밥 짓는 내음이 마을에 깔리듯이
노을 빛을 흡수한 복숭아 향이 풍성해진다

물들어 가는 것들은 으레 자연을 닮는다

# 할머니

당신의 하루가 길다
해가 달을 맞이하기까지
해 한 번, 달 한 번으로 하루가
지나가버리는 것이 젊은이의 하늘이라면,
십 년의 바람을 몇 번이나 타고 오느라
연회색으로 새어버린 당신의
머리칼은 오늘만 해도 여러 번
방바닥에 누웠다가
이불 밑에 손 넣고 데우다가
하늘에 공기가 몇 번이나 스치어
살갗이 아리다가 또 늦는다는 연락에
그려 그려 내심 적적하다가
당신의 하늘은 더 넓고 깊고 오래 뜬다

## 중력

 우리는 중력으로 인해 모두 땅에 서 있다. 우리가 함께 손 잡고 이 땅을 밟고 설 수 있는 이유는 중력 때문이다. 중력이 작용한다는 사실은 모두에게 같지만, 중력이 작용하는 크기는 무게에 따라 다르다. 1에게는 1만큼의 중력이, 2에게는 2만큼의 중력이 작용해야 이 땅 위에 함께 설 수 있다.

 우리는 모두 다른 개성을 타고난 사람이기 때문에 그에 맞게 보존되어야 한다. 누구도 파괴해서는 안 되며, 획일화 해서는 안 된다. 그래야만 우리는 함께 설 수 있다. 동등하게 선다는 목적으로 모두를 같게 만드는 것은, '평범한 것'을 위해 모난 귀퉁이들을 자르는 일이다. 함께 서기 위해서 각기 다른 존재들의 무게를 존중해야 한다. 동등하기 위해 각자의 것을 펼칠 수 있어야 한다. 존재에 대한 동등함은 그런 모양일 것이다.

## 공갈

공갈을 물고 자란 아이가
그 달콤함을 알게 될 때가 있죠
속여도 누군가를 충족시킬 수 있다는 것

하지만 아이는 놓쳤습니다
공갈을 물고 배가 찬 적은 없다는 것을

# 위로

어느 날의 아침은 쉬이 일어나지 않는다
아침을 기다리던 자가
누구의 무엇의 소식도 없어
다시 밤을 기다리는 것의 애달픔을
해만 알아
저무는 동안에 약을 바르듯
눈동자 가득 벌개진 하늘을 비춰주다
밤으로 덮는다, 덧나지 말라고
대낮에 곪아버린 마음 날아가라고

그 날의 밤은 당신을 재우고
아침은 당신을 깨운다 반드시

## 전쟁

우리는 가야 할 길을 몰랐습니다
옳은 선택이란 게 없었으니까요
그냥 선택지만 있었을 뿐 판단이 불가했다고나 할까요
그야말로 아비규환이었습니다
나는 이대로 죽느니 조금 더 뛰어 돌아다니다 죽어야 한다고
생각했는지 제일 먼저 트럭에 올라탔습니다
나를 보고 하나 둘 확신 없는 표정으로 올라탔습니다
우리는 이 순간 어떤 유대감을 느끼면서도
결정적 순간이 오면 '정'이란 것이 서슴지 않고
버려질 거라는 생각을 하고 있었겠지요
세상의 모든 정도와 규칙이 무의미해지자마자
빵을 훔쳐 달아나던 사람을 이미 보았으니까요
그 사건부터 우리는 모두 깨달은 것입니다

## 믿음체계

 나만의 믿음체계를 만드는 일은 정체된 환경에서 나의 생활을 밀고 나가는 데 있어서 무엇보다 중요하다. 종교적 신앙만을 말하는 것은 아니다. 행동하는 나의 삶 자체 그리고 내가 하고 싶은 일에 대해서 믿는다는 건 생각의 절대적인 고정이 아니고, 진득하게 유지함이다. 무게중심을 잡고 문을 열어두는 것이다. 자꾸 바람이 든다는 이유로 세상과 타인과 연결되는 문을 닫아버리면 나의 절대성은 보장받으나 그것은 고여있는 절대성이다. 절대적인 것들은 변한다. 변화를 받아들이지 않으면 변질되고 만다.

 나의 믿음은 산포적이다. 커다란 종이를 벽에 붙일 때, 종이를 고정시킬 만한 요소들이 산포적으로 필요하다. 하나의 큰 고정 핀으로 중앙을 고정시킨다면 종이의 모서리들은 울고 말려들 것이고, 시간이 지나면 스쳐가는 바람에 너덜너덜해질 것이다. 작은 믿음들을 여기저기 박아 놓는다면, 그러니까 나의 낭만을 쪼개어 일상에 뿌린다면 하나의 요소가 변화를 겪는 시점에도 커다란 종이는 바닥으로 떨어지지 않을 것이다.

 사실 세상이 그렇게나 믿음직스러운 모습을 보여줘서 믿는 것은 아니다. 믿음을 가지고 살아야만, 그 모습으로 나아갈 추동력이 생기기 때문에 믿는다. 나와 대화를 주고 받는 이 사람들과 오늘 햇살의 기운을 믿을 때 아름다움이 현현할 기회가 생긴다. 무엇도 믿고 기대하지 않을 때, 내재되어 있던 아름다움은 세상 밖으로 나올 힘을 잃는다. 내가 상상하는 삶에 대한 일말의 믿음 없이는 보이는 세상대로 살게 될까 무서워질 때가 있다. 그러고 싶지 않아서 믿는다. 현실에 발을 디딘 채로 높은 마음을 올려다 본다. 속없는 천진함. 스스로의 혼탁함에 괴로워하는 맑은 내면의 공간은 세상 물정을 몰라서 유지되는 것이 아니다. 있는 그대로 보려 하기 때문에 무수한 아름다움이 보이고, 그 아름다움이 가려질 때 아픔도 가까이에서 본다. 사회에서 취약하다고 여겨지는 이 무른 공간이 얼마나 다채로운 사랑으로 구성되어 있는지, 그리고 그것의 힘이 어디까지인지 꼭 보고싶다.

## 입의 속도

슬픈 자욱이 얼굴에 남는다고
시간의 타격이 그곳으로 올라온다던
관습적인 말에는 무언가 **빠져** 있었다

어느 예상치 못한 사건이 그의 자리에
쏟아진 건 아닌지 먼저 살피는 자가
바쁜 입 사이에는 도저히 없었다

표정을 꽉 조이고
참아내는 사람에게서
괴로움이 설핏 보였는데
**빠르게** 무마했던 적 있었나
나 바쁜 입이 되었던 적 있었나

여기서는 너의 자국을 편하게 남겨둬
나 알아채는 날에는 차를 대접할 것
내 입의 속도를 줄이기에 적당한
대접하고 싶은 명랑함, 차분함, 호쾌함
그 바로 옆에 그리움, 외로움, 쓰라림
나 위도 아니고 아래도 아닌 옆을 내줄 것

# 부정의 긍정

아무 것도 아니야
아무 것도 아니야
아무 것도 아니야

아무 것 아니라는 말을
잔뜩 쌓아다 문득
산이 되었네

머리로 부정하고선 툭
버려놓은 잔재들이
마음 위로 떨어져
쌓여버린 산이 되었네

높은 마음에 그대가 있네

## 12.18

한기로 움츠린 날의 나는
신경질의 인간이 된 적도
출처를 모르는 작은 욕망
허상의 괴로움에 갇힌 적도 있다

온기를 지키려 잔뜩 힘을 준 나는
차가워진 느낌에 몸서리친 적도
그리하여 삶에 겁을 낸 적도 있다
그러나 내게는 투정 부릴 공간도 있었다

온기가 남아 있는 한 우리는 아플 줄 알았다
느낄 줄 알고 주저앉을 줄 알았다
앉아있는 날 배운 것은
존재를 내려다보는 위압을 경계하는 일
내가 일어서는 날에 누군가를 내려다보지 않는 일

그것을 아는 사람이 위로의 목소리를 가진 적 있다
그러나
거대한 시스템은 거침없이 참견했고
누군가의 인생에 참견한 만큼
주어지는 책임에는 누구도 응답하지 않았다
모두의 눈과 허공의 눈을
그는 존재함으로써 견뎌야 했다

그가 스스로 떠난 일로 며칠이 비었다
보란 듯이 사람다운 사람들이 잘 살길 바랐으나
그는 살아있음 보다 사라짐의 고요를 평온으로 여겼다
아픔을 상상할 수 없을 때 숨을 조이는 울음이 온다
그저 누군가의 살아있음이 값졌다고 남긴다

## 심술

나는 그렇지 않은데
너는 그래서 심술이 나
심술을 담그고 담가서
조금 오래 두고
어느 날 홧김에
벌컥벌컥 들이키는 날이 있다
심술에 취해서 헤벌쭉
멀어지는 줄도 모르고
멀어지고 있지

## 사랑의 지도

 우리 영혼에 아무도 사랑을 입혀주지 않을 때조차도 스스로 사랑을 생성하는 힘. 그 작은 힘이 내면에 지도를 펼치고, 나는 지도를 들여다보는 작은 아이가 되어 그 앞에 선다. 그러는 동안 나는 망망대해 앞에서 어지러움을 느낄 지도 모르지. 그러나 한 발을 내딛으면-아주 작은 걸음일지라도-이 망망대해가 나와 적대하지 않음 또한 드러나. 지도로 걸어 들어가는 동안 나는 겁을 내었지만 두려움과 불안이 사랑의 지도 안에서 일어나는 진동임을 우리는 알게 되겠지.

## 터널이 다르다는 걸 알았을 때

내가 사랑했던 누군가가 아프지 않기를 자주 기도했다
서서히 잠식되는 그 늪에서 나올 수 있는 동력이
그 안에 생기기를 그러나 어느 밤에는 무너지는 소리가 들렸고
나는 그 소리를 들으면 먼 아픔이 욱신거린다
그의 터널이 나의 터널보다 길고 컴컴하다는 것을 알았을 때
나는 종종 무너졌고 발에 그림자가 붙었다
그럼에도 씩씩하게 빛을 내야 했다
터널의 끝에라도 서 있어야 했다
종종걸음을 걷는 사람이 희미하게나마 빛을 보고
터널을 지나오기를 바라면서
걷는 일은 발을 움직이는 사람만의 몫일지라도
걷기를 바라는 마음은 모두의 몫일 수 있다

# 나의 숲

나에게는 숲이 있는데 나무 한 그루가 쓰러져 그 앞에 달려가 운다. 그래 나는 여기서 상처 받은 거야. 나무 한 그루가 픽 하고 힘없이 쓰러진 거야. 그렇게 며칠을 헤맨 거야. 고개를 드니 나에게는 숲이 있구나. 아직 숱한 나무가 남았고 곁에 남은 사랑이 쓰러진 나므를 일으키고 있다.
여전히 존재하는 아름다움이 그 작업을 한다. 사랑과 건강한 웃음, 그 사이를 채우는 기분 좋은 바람, 우정과 온기가 상처를 기운다. 기울어진 나를 지지한다. 나의 나무는 일어서고 있다. 이 숲에는 여러 그루의 나무가 있다.

# 공간에 들어설 때

아픔을 말하는 공간에 비웃음은 없어
조소와 조롱과 비교를 네 앞에 두지 않을 거야
그곳에는 너의 아픔만 있었으면 해
비로소 아픔에서 멀어져 나오게 된
너는 다른 사람의 공간으로
교차하여 들어설 때가 있을 거야
그곳에서 조소와 조롱과 비교를 치워주는
역할을 하게 될 거야
아픔이 교차하는 동안
지켜야 할 사람들이 늘어갈 거야

## 정의

나는 당신을 정의 내리는 일에 관심이 없지
다만 당신이 자신을 해석하는 일이 궁금해
자신을 해석하는 일에 몰두하다
빠져나오는 순간
바깥으로 시선을 펼쳐
우리를 고민하는 순간
우리 안에서 자신을 잃지 않고 서는 자세까지
팽팽히 알아가는 순간
긴장 속에 피는 자유를 맛보는 능력

나는 당신을 황급히 정의 내리는 일에 관심이 없지
이미 낡아버린 정의는 비로소 그곳에 새로 피어나지

## 추상적인 것들에 대하여

사랑, 쾌락, 용기, 무기력, 희망
이 모든 추상적인 것들에 대하여
자꾸 불편했으면 좋겠다

사랑이라고 불러서 사랑인지
그저 얽힌 관계일 뿐이지는 않은지

지금 이 순간 뜨거워서 쾌락인지
대상 없는 상실감이 뒤따르는 쾨쾨한 것은 아닌지

상처를 외치는 것만이 용기인지
난잡한 마음에서 대화의 물꼬를 튼 것은 용기가 아닌지

노고에 휴식을 쥐어줘야 할 때를 알리는 무력감인지
진심으로 행동하지 않았기에 끌어당겨진 것은 아닌지

불치병 앞에서만 희망인지
오늘 당신 얼굴 한 번 보고 같이 웃는 건 희망이 아닌지

자꾸 불편했으면 좋겠다
자꾸 내 현실 바로 옆에 선 추상으로
구체적으로 불편했으면 좋겠다

## 나의 아름다움


아름다움을 깎아 내리는 건
경험하지 않은 이의 걱정과 한숨입니다

아니라고 누군가 외치는 걸 들었습니다
나도 여기서 그만, 그만두었지요

멈춘 나를 무언가 자꾸 일으켜 세워
일말의 믿음으로
다시 빛나기로 작정을 하고 지키려니
그런 때마다 내 눈가에
그리도 꿈꿔 헤매던 아름다움이
희미하게나마 얼핏 얼핏 하거든요

희미한 것이 그 나름으로 얼마나 뜨거운지
자신의 것이 아니고는 가늠하지 못하는 법이죠

그 순간에 아니라고 걱정들을 합니다
빛날 작정을 하고 두 손을 부르트게 쥐었는데
손이 부르튼다고 그만하라네요

나의 아름다움이 깎여나가고
타인이 설정한 아름다움이 내게 붙어
맥없이 비실댑니다

그러나 나는 한 걸음을 더 걸어
두 손을 부드럽게 쥐는 법을 배웁니다
빈 공간에 진실이 아닌 말들이
유유히 흘러가는 것을 봅니다

나의 아름다움이 결코
훼손된 적 없음을 알아챕니다

## 손잡고 가네

인생이 나랑 손잡고 같이 가네
비가 오는 날 발을 적시고
수없이 작은 동그라미 내려앉는 무게로
우리는 만나네

바람 부는 날에도
우리는 빈 곳을 통하는
서로를 보네

나는 가끔 손을 놓았지
그곳에 아무도 없어서
살려 달라고 울다 보면
그곳에 아무도 없어서
영원히 있네

이 풍요를 배우기 위해 우리는 그곳에 다녀와야만 했네.

**맑음에 대하여** About 'clear'

1판1쇄 발행 2018년 3월 14일
 5쇄 발행 2022년 12월 1일

| | |
|---|---|
| 지은이 | 강준서 |
| 펴낸이 | 강준서 |
| 펴낸곳 | 스튜디오 구 (Studio Gu) |
| 출판신고 | 제2022-000106호 (2022년 11월 9일) |
| 이메일 | flowseo1117@gmail.com |
| SNS | @joonseo_total |

ISBN  979-11-980859-0-0 (03810)

이 책의 판권은 지은이와 '스튜디오 구'에 있습니다. 이 책 내용의 전부 또는 일부를 재사용하려면 반드시 저작권자와 '스튜디오 구'의 서면 동의를 받아야 합니다.